Género **Fantasía**

Pregunta esencial

¿Cómo conseguimos lo que nos hace falta?

El valle de las libélulas

Alejandra Gáfaro Reyes
ilustrado por Sara Ruano

Capítulo 1

En torno al agua

En la época de verano, cuando el sol se ponía en la planicie de Quimbombó, el cielo se tornaba naranja y algunos resplandores violetas y rosados cruzaban el horizonte.

Los atardeceres eran increíblemente bellos durante esa estación. Sin embargo, las lluvias cesaban y la tierra comenzaba a resentirse por falta de agua. El suelo se endurecía y se formaban largas y profundas grietas, producto del calor ardiente de la época.

En medio de la planicie de Quimbombó vivían los trasgos, unos seres pequeñitos que habitaban en pequeños poblados de chozas que construían con ramas y rodeaban con cercas. El principal sustento de los trasgos provenía de la cría de ganado. De este obtenían carne, leche y cuero. Los trasgos usaban estos productos para su supervivencia o para intercambiarlos por mercancías que necesitaban y que ellos no tenían. El canje de mercancías era necesario ya que no usaban dinero. Este lo realizaban con otras poblaciones cercanas.

Los trasgos sabían que todos los años, tras una corta época de lluvias, venía una larga época de verano. Esta vez, a pesar de haber almacenado en pozos toda el agua que pudieron para la época de sequía, los habitantes de la planicie de Quimbombó estaban muy preocupados. Las altas temperaturas evaporaban el agua de los pozos con alarmante rapidez. Necesitaban el agua para su supervivencia y la del ganado; sin agua, la aldea desaparecería.

Mientras los trasgos adultos se habían reunido para pensar en la forma de encontrar más agua para suplir todas sus necesidades, los chiquillos jugaban alrededor de las construcciones de arcilla, libres de toda preocupación.

Capítulo 2

Un encuentro alado

Durante el verano, las libélulas volaban cerca de las chozas de los trasgos. Con sus vuelos rápidos y sus alas transparentes alegraban la pequeña aldea y la envolvían en un adormecedor sonido.

Una calurosa mañana, varios pequeños jugaban a imitar a los insectos y corrían con emoción de un lado para otro batiendo sus brazos como si fueran enormes alas. Entre ellos estaba Nima, la hija más pequeña del rey Ikal.

Nima era risueña y despabilada. Sus ojos seguían con curiosidad todos los acontecimientos de la aldea. Llevaba el pelo recogido en dos abundantes trenzas de pelo largo, negro y sedoso. Siempre vestía una manta de colores y andaba descalza, como todos los habitantes del lugar.

Nima tenía diez años y estaba siempre dispuesta a ayudar a los habitantes de la aldea en las diversas labores que realizaban. Parecía una hormiguita. Otra cosa que disfrutaba era animar a los demás.

—Hola, Tanok, ¡estás muy fuerte y corpulento! —le decía Nima a su hermano mayor.

—Sesasi, esta mañana tus ojos brillan como dos estrellas en el firmamento —le comentaba Nima a la sabia anciana de la aldea, cuando pasaba a su lado.

Por donde quiera que Nima caminara, llevaba mucho júbilo y regocijo.

Una tarde soleada, seca y polvorienta, los pequeños de la aldea estaban jugando en grupos. Nima, en medio de la emoción, se alejó de su grupo. Apenas llevaba unos instantes caminando por su cuenta cuando una libélula empezó a volar a su alrededor. Al principio, no le prestó atención, pero poco tiempo después, se dio cuenta de que el insecto la seguía por donde quiera que fuera.

Nima decidió detenerse para observar el pequeño insecto. ¡Era maravilloso! Esta libélula juguetona tenía las alas brillantes y multicolores. La pequeña se sorprendió ante tanto colorido y esplendor, nunca había visto algo semejante.

El insecto no dejaba de dar vueltas y vueltas alrededor de Nima. La pequeña tenía la sensación de que le quería decir algo, así que trató de atraparla, pero la libélula salió volando presurosa.

A la hora de dormir, cuando su padre, el rey Ikal, le iba a dar las buenas noches, Nima le contó acerca del sorprendente suceso.

—Papá, hoy vi una libélula... ¡una libélula especial y diferente! Creo que me quería decir algo.

—¿Una libélula diferente a las demás? —le respondió el padre.

—Sí, pero cuando traté de tomarla en mis manos, se alejó presurosa. Si me quería decir algo, ¿por qué se alejó? —le preguntó la niña a su amoroso padre.

—¿Una libélula diferente a las demás te quiso decir algo? —le dijo el padre con una sonrisa.

—Sí, papá. Una libélula, con unas alas muy largas y muy coloridas, estuvo un buen rato revoloteando a mi alrededor. Fue muy extraño, ¿qué crees que quería decirme ese pequeño insecto?

El rey Ikal se quedó un rato en silencio observando a su pequeña. Pensó que se podía tratar de una de esas leyendas antiguas que contaban los más ancianos habitantes de Quimbombó.

—Creo que son cuentos producto de tu imaginación —interrumpió Tanok, el hermano mayor de Nima.

—No son cuentos, hijo —respondió seriamente el rey Ikal—. Según las leyendas antiguas, hace mucho, mucho tiempo, los animales se comunicaban con algunos trasgos para darles consejos sabios, principalmente en tiempos difíciles. Así que, Nima, si en algún otro momento una libélula te busca para decirte algo, no trates de atraparla ni de perseguirla, tan solo escúchala con atención. Es muy probable que tenga algo importante que decirte.

—Así lo haré —respondió la pequeña—. Buenas noches, papá. ¿Ves, Tanok?, no es un invento ni producto de mi imaginación.

Enseguida, la pequeña entornó los ojos y unos minutos después se durmió profundamente.

Al día siguiente, Nima estuvo mirando el horizonte y detallando cada una de las libélulas que volaban sobre los cortos y secos pastizales que rodeaban la aldea. Quería ver la libélula especial y escuchar lo que ella tuviera que decirle. Llegó el atardecer, y luego la noche, y el llamativo insecto no apareció por ningún lado.

Esa noche, la niña se fue a dormir desconsolada, pensando que nunca más volvería a ver la libélula. Cuando el rey Ikal fue a despedirse de su pequeña, la notó triste y le aconsejó que no se preocupara porque seguramente la libélula regresaría.

Esa noche, mientras los más pequeños dormían, los adultos se reunieron bajo la luz de la luna llena.

—Nos estamos quedando sin agua —les dijo el rey Ikal con preocupación—. A diferencia de otros años, en esta ocasión, la época de sequía se ha prolongado demasiado y ya no tenemos suficiente agua para darle de beber al ganado. Nosotros podríamos sobrevivir con el agua que queda. Sin embargo, los animales, no. Es por eso que tenemos que poner manos en el asunto y hacer algo pronto, o de lo contrario nuestro ganado morirá.

—Podemos preguntar a los habitantes de la aldea vecina, los vendedores de cereal, si desean cambiar un poco del agua depositada en sus pozos por nuestro ganado. Sería un canje beneficioso para todos, ¿no les parece? —propuso uno de los ancianos.

—Si aún tienen reservas de agua, no creo que las intercambien con nosotros. Necesitan regar sus cultivos y no podrían hacerlo sin el agua de sus pozos. Y si los cultivos se les marchitan por la falta de agua, tampoco podrían llevar los cereales al mercado para canjearlos —añadió el rey.

—Se me ocurre algo... cuando el sol se levante, algunos habitantes de la aldea pueden recorrer las zonas apartadas de la planicie para ver si aún hay agua. Si encuentran algún pozo, organizaremos grupos para traerla y almacenarla. Solo así tendremos agua para nuestras necesidades y nuestro ganado —dijo Kabil, otro anciano.

—Esa es una excelente idea, entonces mañana iremos a explorar la planicie —respondió convencido el rey Ikal.

Mientras tanto, Nima dormía profundamente. En sus sueños, la libélula entró a la choza y la pequeña la recibió con los brazos abiertos. Ambas se trasladaron a un lugar lleno de árboles y arbustos por donde fluía un gran río con abundante agua fresca. Justo en ese momento, las alas de la libélula comenzaron a brillar con gran resplandor.

—¿Dónde estamos? —le preguntó la niña a la libélula.

—En un valle cercano a tu aldea —respondió el insecto.

—Por favor, indícame cómo llegar a este lugar —le rogó Nima—. Necesitamos agua con urgencia, pues el ganado no tiene qué beber y, pronto, nosotros tampoco.

—¡Hagamos un trato! Yo te guiaré —añadió la libélula—, pero tendrás que adivinar los acertijos que te digan tres animales. Recuerda escucharlos con mucho cuidado, y trátalos con mucho respeto. Son muy sabios. No te olvides

—¿Y cuáles animales lo harán? —insistió la niña.

La libélula abrió y cerró las alas y le contestó:

—Un conejo, un zorro y un coyote —dijo mientras daba vueltas en el aire.

—¿Puedo pedirle ayuda a alguien? Dime que sí, amable libélula, dime que sí —preguntó anhelante la pequeña.

—De acuerdo, puedes pedir ayuda —contestó con gentileza la libélula.

Con estas palabras desapareció.

A la mañana siguiente Nima despertó emocionada por el sueño. Tan pronto desayunó, se apresuró a salir de la choza.

Detective del lenguaje

El texto subrayado es una oración interrogativa. Busca más oraciones interrogativas en esta página.

Capítulo 3
El poder de Nima

Nima quiso contarle a su padre lo que había soñado, pero él y su madre habían salido muy temprano con el grupo de exploradores para dirigirse al otro lado de la planicie en busca de agua. Fue a buscar a su hermano Tanok, pero él estaba ocupado llevando el ganado hacia uno de los pocos pastizales que quedaban.

Sesasi, la sabia anciana, notó que Nima corría de un lado para otro con desesperación, así que decidió averiguar qué le ocurría:

—Nima, pequeña, ¿por qué corres de un lado para otro? ¿Buscas a alguien en especial?

—Sesasi, es un largo cuento, así que te lo voy a resumir. Anoche tuve un sueño muy extraño. Soñé con una hermosa libélula que me dijo que si lograba descifrar tres acertijos, me guiaría a un río con mucha agua. Los acertijos me los dirán un conejo, un zorro y un coyote. No sé por dónde empezar, porque papá y mamá se han marchado a la planicie en busca de agua, y Tanok está cuidando el ganado. ¿Quién va a ayudarme?

—Yo te ayudaré —dijo Sesasi.

Nima le alcanzó la manta y el cayado a Sesasi, y juntas abandonaron la aldea para ir en busca de un conejo, un zorro y un coyote.

Detective del lenguaje

¿Qué función tienen las comas en la oración subrayada?

—Sesasi, ¿crees que mi sueño fue real? Llevamos mucho tiempo caminando y no hemos encontrado ningún animal.

—No seas impaciente, pequeña, las cosas importantes de la vida toman tiempo. Cuando llegue el momento, ellos aparecerán.

Siguieron caminando, y una hora después encontraron detrás de un arbusto a un conejo que estaba comiendo hojas.

—Buenos días, señor conejo —le dijo Nima con respeto—, ¿es usted quién me dirá el primer acertijo?

—Buenos días —respondió el animal para sorpresa de la pequeña—. Sí, soy yo quien te dirá el primer acertijo.

Nima fue la traductora de Sesasi, porque la anciana no entendía lo que decía el conejo.

—¿Cuál es el fruto dorado que la tierra nos ofrece? —preguntó el conejo.

—Dile que es el maíz —respondió la anciana y Nima obedeció:

—¡Es el maíz!

—¡Muy bien! —respondió el conejo—. Sin lugar a dudas, la sabiduría nos llega con los años.

—¿Sería tan amable de decirnos qué tenemos que hacer? ¿Sabe dónde podemos encontrar al zorro? —preguntó Nima.

—¿Ven esas rocas? Allí encontrarán al zorro que buscan.

Nima y Sesasi agradecieron al conejo y continuaron su recorrido. Los rayos del sol eran cada vez más fuertes. Ellas estaban muy cansadas y tenían que hacer un gran esfuerzo en cada paso que daban.

—Sesasi, tengo calor y mi garganta está seca.

—He traído un poco de agua. Bebe un sorbo porque la jornada es larga, pequeña —respondió la anciana sacando una bota de cuero en la que había agua fresca.

Llegaron al lugar indicado por el conejo. Entre las rocas estaba el zorro exponiendo su hermoso pelaje al sol.

—Señor zorro —gritó la niña—, venimos a buscarlo para que, por favor, nos diga el segundo acertijo.

El zorro se estiró perezoso, miró a las agotadas caminantes y exclamó:

—Buenas tardes, son ustedes muy valientes, han caminado un largo trecho bajo este sol inclemente.

—Una libélula me dijo que si resolvía tres acertijos, me guiaría a una fuente de agua —dijo Nima— por eso estamos aquí.

—Cuéntenme, ¿quién espera escondido en las aguas cuando el tiempo cambia? —preguntó el zorro.

Nima le tradujo lo dicho por el zorro a Sesasi y de nuevo, la venerable anciana respondió:

—¡El caimán! Cuando cambia la estación de lluviosa a seca, los caimanes acechan dentro de los ríos para resguardarse del sol. Es así como atrapan con mayor facilidad a sus presas cuando cruzan el río.

Nima le dio la respuesta al zorro y él asintió con la cabeza, complacido:

—¡Muy bien! Ahora vayan hacia el lodazal. Allí van a encontrar al coyote.

Nima y Sesasi caminaron hacia el lodazal. Estaban felices porque ya habían resuelto dos acertijos. La anciana quiso celebrarlo con una deliciosa sorpresa:

—Mira, aquí tengo algunos higos frescos que nos darán energía —le ofreció a Nima.

Terminaron de comer y continuaron caminando hasta que encontraron al coyote refrescándose en el lodazal.

—Buenas tardes, señor coyote, ¿cómo van sus aventuras por la planicie? —le preguntó Nima.

—Buenas tardes, pequeña, van muy bien, las disfruto muchísimo.

—¡Qué bueno, señor coyote! Nosotras queremos descifrar el tercer acertijo para poder regresar a la aldea antes de que anochezca. ¿Podría decirnos cuál es? —preguntó Nima con amabilidad.

—¿Dónde se oculta lo que te calienta en la noche?

Nima le tradujo a Sesasi lo que el coyote decía.

—Dile que lo que nos da calor en la noche se oculta bajo el volcán del sur; lo que nos calienta es el fuego.

Nima le dio la respuesta al coyote.

—Ahora, ¿qué debemos hacer? —quiso saber la niña, impaciente—. ¿Cómo encontraremos el río de abundantes aguas?

—Regresen a su aldea —respondió el coyote mientras se alejaba corriendo.

Había oscurecido, y Sesasi y Nima no podían ver dónde estaba el camino de regreso a su aldea.

—Sesasi, está muy oscuro y tengo miedo —dijo Nima.

—No te preocupes —dijo Sesasi— sentémonos juntas bajo este árbol. Es más seguro que seguir caminando a tientas en la oscuridad.

La valiente niña y la sabia anciana se acurrucaron bajo el árbol. De repente, oyeron ruidos de animales cada vez más cerca.

Nima empezó a llorar, pero la anciana le dio ánimos. A lo lejos vieron unas cuantas luces.

—Mira, Sesasi, algo se acerca. ¿Ves esa luz?

La libélula venía volando ágilmente con sus alas multicolores, iluminando el camino de los trasgos exploradores.

—¡Papá! ¡Mamá! —gritó Nima apenas vio a sus padres.

—Nima, ¡me alegra que estén bien! Regresamos a la aldea y como no te encontramos, te buscamos por todas partes. Cuando el sol se ocultó, la libélula apareció y empezó a volar, haciendo círculos con su luz. Era como si quisiera que la siguiéramos. La seguimos y es así como las encontramos a ustedes.

—¡Me alegra mucho verlos! ¿Encontraron agua?

—No, hijita —contestó el rey Ikal —. Cuando llegamos al otro extremo de la planicie, solo encontramos pozos secos. Regresamos con las manos vacías.

—Nosotras tenemos muy buenas noticias —dijo Nima sonriendo—. Resolvimos los tres acertijos: mañana la libélula nos guiará hacia un río de aguas abundantes.

Nima les contó todo lo que había sucedido. Al día siguiente, la libélula guió a los trasgos al lugar prometido: el río Nakawé. Para todos fue un gran alivio saber que su ganado ya no moriría y que habría agua suficiente hasta que la temporada de lluvias volviera.

Al poco tiempo, los trasgos mudaron su aldea a las orillas del río Nakawé y, gracias a la libélula de alas multicolores, a los acertijos de los animales, a la valentía de Nima y a la sabiduría de Sesasi, el agua nunca más les volvió a faltar.

Respuesta a la lectura

Resumir

Usa detalles importantes de *El valle de las libélulas* para resumir el cuento. Usa el organizador gráfico como ayuda.

- Personaje
- Ambiente
- Principio
- ↓
- Desarrollo
- ↓
- Final

Evidencia en el texto

1. ¿Cómo sabes que *El valle de las libélulas* es una fantasía? Identifica tres características que te permitan determinarlo. **GÉNERO**

2. Vuelve a leer la página 9, ¿qué sucede en el sueño de Nima? **SECUENCIA**

3. En la página 5, ¿qué significa la palabra *revoloteando*? **CLAVES EN LA ORACIÓN**

4. Escribe acerca de los sucesos que tuvo que afrontar Nima para ayudar a su pueblo a encontrar una fuente de agua. **ESCRIBIR SOBRE LA LECTURA**

Género Ficción realista

Compara los textos

Lee cómo un joven navajo consiguió que su comunidad recuperara sus tradiciones.

Nace una idea

Tawa se levantó temprano para ir a su trabajo en el supermercado. Desayunó cereal con Sotso, su hermana menor. Mientras viajaba en el autobús recordó a su abuela tejiendo las hermosas mantas con figuras geométricas, que daban calor a toda la familia en las noches frías. También a su abuelo que elaboraba hermosas joyas de plata.

Tawa estuvo pensando en sus abuelos todo el día. Pensó que sería grandioso retomar esas tradiciones. Se le ocurrió que le podía pedir a sus padres que le enseñaran a tejer. También a elaborar joyas a la manera antigua.

Cuando Tawa llegó a casa, sus padres y su hermana menor estaban cenando. Él les pidió a sus padres que le enseñaran a tejer como la abuela y a elaborar joyas como el abuelo.

Ninguno de los dos recordaba bien cómo se hacía, pero le dijeron que quien sí lo recordaba era la tía abuela Soyazhe.

Tawa y su hermana, Sotso, decidieron visitar a la tía abuela. Ella vivía en una reserva indígena. Su casa estaba llena de tejidos y tenía un hermoso traje navajo, además llevaba joyas de plata y turquesas de un azul verdoso como el agua del mar.

Desde el primer momento, Tawa supo que había llegado al lugar indicado.

La tía abuela Soyazhe les enseñó a Tawa y a Sotso a tejer y a elaborar joyas. También les presentó a otros jóvenes que, como ellos, estaban interesados en recuperar las tradiciones de los navajos. Mientras unos elaboraban tejidos y vestidos tradicionales; otros realizaban pinturas en arena y joyas de plata.

Tawa y sus nuevos amigos organizaron un mercado tradicional. Allí vendían los productos que elaboraban. Se sentían realizados, pues por una parte habían recuperado sus tradiciones y por otro lado estaban recibiendo dinero.

Cada vez más jóvenes se interesaban en el mercado tradicional. Así que conformaron grupos para tener una mejor organización. Los más hábiles en construcción realizaron unas estructuras parecidas a los hogans, las viviendas que habitaban los navajos, para disponer allí las mercancías. Los vendedores llevaban trajes tradicionales y les narraban a los compradores, el papel de los operadores de radio navajo en la Segunda Guerra Mundial.

Tawa estaba satisfecho de ver cómo un grupo de jóvenes navajo había retomado las costumbres ancestrales y, al mismo tiempo, había generado una economía local que beneficiaría a generaciones actuales y futuras.

Haz conexiones

¿De qué manera un grupo de jóvenes navajos recuperaron las tradiciones antiguas y generaron una economía sostenible? **PREGUNTA ESENCIAL**

¿Qué hicieron Nima y Tawa para ayudar a sus pueblos? **EL TEXTO Y OTROS TEXTOS**

Enfoque:

Elementos literarios

Símiles Los símiles son figuras literarias que comparan dos elementos por medio del adverbio *como*. Por ejemplo el símil *rápido como un rayo* significa que alguien, o algo, es muy veloz.

Lee y descubre En la página 18 se describen las turquesas de las joyas que lleva la tía abuela Soyazhe y se las compara con el agua del mar por su color. Dice "llevaba joyas de plata y turquesas de un azul verdoso como el agua del mar".

Tu turno

Con un compañero o una compañera observa el salón de clases. Elige un objeto y descríbelo por medio de símiles. Recuerda usar el adverbio *como*. Después de pensar en algunos símiles con tu compañero, escríbelos. Luego léanlos en voz alta para que los otros grupos expliquen lo que significan.